# This Book Belongs To...

........................................................................

........................................................................

_____ / _____ / _____

_____ / _____ / _____

／　　／

_____ / _____ / _____

_____ / _____ / _____

Made in the USA
Las Vegas, NV
05 September 2021

29645896R00069